AF562910

39379

NOTICE

SUR

COLOMBE BOLOPION

Bienfaitrice des pauvres, et des établissements religieux de Langres après la Révolution, née à Pierrecourt en 1743, décédée à Langres en 1828

PAR

M. l'abbé N. GARNIER

Chanoine honoraire, Directeur de la SEMAINE RELIGIEUSE du diocèse de Langres.

Inventâ unâ pretiosâ, dedit omnia sua, et comparavit eam.

Ayant trouvé une perle de prix, elle donna tout ce qu'elle possédait, et en fit l'acquisition.

(Ant. du Commun des Vierges.)

LANGRES

IMPRIMERIE ET LIBRAIRIE FIRMIN DANGIEN

3, rue de l'Homme-Sauvage, 3

—

1880

NOTICE

SUR

COLOMBE BOLOPION

NOTICE

SUR

COLOMBE BOLOPION

Bienfaitrice des pauvres, et des établissements religieux de Langres après la Révolution, née à Pierrecourt en 1743, décédée à Langres en 1828

PAR

M. l'abbé N. GARNIER

Chanoine honoraire, Directeur de la SEMAINE RELIGIEUSE du diocèse de Langres.

Inventâ unâ pretiosâ, dedit omnia sua, et comparavit eam;

Ayant trouvé une perle de prix, elle donna tout ce qu'elle possédait, et en fit l'acquisition.

(Ant. du Commun des Vierges.)

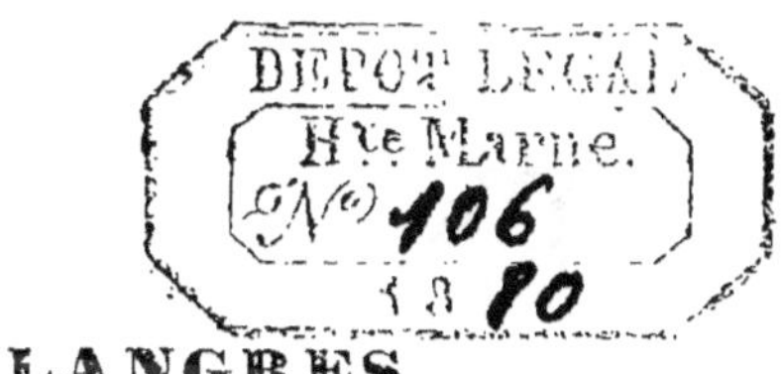

LANGRES

IMPRIMERIE ET LIBRAIRIE FIRMIN DANGIEN

3. rue de l'Homme-Sauvage, 3

1880

Lettre de Mgr BOUANGE, évêque de Langres, à l'auteur.

Langres, le 10 *décembre* 1880.

MONSIEUR LE CURÉ,

Je viens de lire avec le plus vif intérêt les pages que vous avez consacrées à la mémoire de la pieuse servante de Dieu, Mademoiselle Colombe Bolopion. Heureux ceux à qui il fut donné de connaître cette âme si admirable par sa foi et sa charité ! La biographie que vous publiez fera partager ce bonheur à ceux qui vous liront; et le souvenir des saintes œuvres qui ont rempli la vie de Mademoiselle Bolopion sera, je n'en doute point, lumière et encouragement pour les âmes généreuses qui sont l'honneur et la bénédiction de l'Eglise de Langres, de notre cité épiscopale en particulier.

Veuillez agréer, mon cher Monsieur le Curé, avec l'expression de mes sentiments bien reconnaissants, l'assurance de mon dévouement en N. S.

† GUILLAUME-MARIE-FRÉDÉRIC,

Evêque de Langres.

AU LECTEUR.

La mémoire du juste ne doit pas périr : *In memoria externa erit justus.* Après avoir traversé cette vallée des larmes en se sanctifiant soi-même et en exerçant à l'égard de ses semblables les actes de miséricorde spirituelle et corporelle, il faut qu'il reste encore, quand la mort a fait son œuvre, la bonne odeur de J. C.

Mais le moyen d'arriver à cet heureux résultat ! on oublie si vite ! Les méfaits se gravent sur le marbre ; mais trop souvent, hélas ! les bienfaits s'écrivent sur le sable mouvant : c'est l'adage des anciens, et une vérité d'expérience.

Voulons-nous faire bénéficier les générations futures du parfum d'édification qui s'échappe des vertus de nos contemporains, fixons-en le souvenir sur le papier ; de cette manière, aussi longtemps que notre travail subsistera, la mémoire de ceux qui auront opéré le bien sous nos yeux vivra, et ils continueront même après nous avoir quittés leur bienfaisante mission.

C'est ce que nous nous sommes proposé de faire aujourd'hui pour une vénérable demoiselle, qui, sur un théâtre assez modeste et placé tout près nous, a été tout à la fois un modèle de foi, de patience et de générosité chrétiennes.

Les détails que nous donnons nous ont été fournis en grande partie par M. l'abbé Regnier, ancien curé de Lanty : ayant été élevé par cette pieuse fille, ce vénérable prêtre était plus à même que tout autre de la bien connaître.

COLOMBE BOLOPION.

CHAPITRE Ier.

Naissance et éducation de Colombe. — Elle perd sa mère. — Ses œuvres de zèle. — Sage direction de M. l'abbé Charmetton. — Ce qu'elle souffrit pendant la Révolution jusqu'à la mort de son père.

M. Philippe Bolopion, père de la vénérable demoiselle dont nous allons esquisser la vie, était greffier au Présidial de Langres, vers 1740. Sa mère, Barbe Lacordaire, née à Coiffy-le-Château, plus tard Coiffy-le-Haut, appartenait à une famille distinguée, la même que celle qui a donné le jour au R. P. Lacordaire.

Après la mort de son père arrivée à Pierrecourt (1), Philippe Bolopion vint se mettre à la tête de ses affaires et diriger lui-même la culture de ses propriétés. Il était fils unique. Il racontait avec une légitime satisfaction que son père n'avait pas eu en l'élevant cette mollesse qui énerve les enfants. « A la moindre faute, disait-il, il savait m'infliger une sage correction, répétant souvent ce proverbe

(1) *Pierrecourt*, village situé sur la voie romaine de Langres à Besançon, du diocèse de Langres jusqu'à son démembrement en 1731, puis du diocèse de Dijon, et maintenant de celui de Besançon.

des anciens : *Qui n'a qu'un garçon n'a qu'un fripon.* » Les Pères Jésuites de Langres avaient été ses maîtres, et il leur garda toujours un profond respect et une vive reconnaissance. Après leur expulsion de France en 1762, des membres de l'illustre Compagnie, parmi lesquels quelques-uns de ceux qui habitaient le collége de Langres, s'étaient réfugiés autour du bon Stanislas, roi de Pologne, à Lunéville. M. Philippe Bolopion y alla revoir ses anciens maîtres et solliciter de leur expérience quelques conseils. Grâce à leur entremise, il eut l'honneur d'être admis à la table de l'excellent prince.

Madame Bolopion était digne de son époux. Comme la femme forte de l'Ecriture, elle faisait la gloire de son mari, et affermissait la maison par ses vertus. Cachée au sein de sa famille, elle se donnait toute entière aux soins du ménage; c'est à peine si elle dérobait quelques instants pour s'entretenir avec le petit cercle d'amies que son rang et ses vertus attiraient près d'elle. Son nombreux domestique, sur lequel cependant elle exerçait une surveillance de tous les instants, la chérissait comme une mère, et lui rendait tout le respect dû à son rang. La prière du soir se faisait toujours en commun, et personne ne devait s'en exempter; les autres devoirs religieux, les devoirs essentiels principalement, étaient de sa part l'objet d'une attention plus grande encore.

Elle donna le jour à mademoiselle Colombe Bolopion, qui naquit à Pierrecourt le 4 décembre 1743. Cette bonne et vertueuse mère, comme il se pratiquait souvent dans les âges de foi, consacra son enfant à la très-sainte Vierge même avant sa naissance; et pour cela elle s'engagea à lui faire porter pendant huit ans des habillements blancs : ce qui, entre parenthèse, contraria plus d'une fois la jeune Colombe, les autres enfants se moquant d'elle ; mais le souvenir du vœu de sa mère, dont elle avait connaissance, la consolait facilement

Madame Bolopion, nourrie de la lecture de la vie des saints, les prit pour modèles dans l'éducation de ses enfants. De très-bonne heure, elle leur apprit à prononcer les saints noms de Jésus et de Marie et chercha à leur inculquer la crainte de Dieu.

Le caractère de Colombe commençait à se révéler; déjà les germes du vice paraissaient. Il fallait s'opposer à leur développement, et diriger avec adresse vers des objets plus nobles ces petites passions naissantes, source de grandes vertus ou de grands vices. L'amour de Dieu et celui des pauvres furent les deux sentiments que sa vertueuse mère chercha à lui inspirer; pour cela elle se plaisait à lui citer les paroles de N.-S. et quelques histoires édifiantes.

S'il arrivait que les domestiques se permissent de l'amuser par des contes et des trivialités dont la funeste tradition est loin d'être perdue, une prompte réprimande leur apprenait à être désormais plus réservés, et les paroles maternelles faisaient discerner la vérité du mensonge.

L'amour propre avait dans son cœur des saillies un peu vives quelquefois; la mère ne les remarquait pas sans inquiétude, et elle s'étudia à en prévenir les suites. Loin d'approuver, comme les parents de nos jours, ce petit orgueil, que l'on provoque même au besoin, comme s'il était beau qu'un enfant sentît et fît sentir son importance, elle prenait plaisir à l'humilier, lui présentait les pauvres mal nourris, mal vêtus, mais vertueux. « Ce n'est pas nous, mon enfant, lui disait-elle, qui nous sommes donné tous ces biens, c'est Dieu, qui veut que nous les partagions avec ceux qui n'en ont point. Oui, si tu n'es pas sage, ces pauvres enfants que tu vois si mal habillés seront en paradis, et toi, Dieu te rejettera, et tu seras avec les méchants. »

Un jour, Colombe ayant raconté à sa bonne mère comment, au catéchisme, se voyant près d'une enfant pauvre, elle s'en était éloignée un peu par mépris, elle fut condamnée en expiation de sa faute, à porter plusieurs jours son bonnet de nuit; tel fut du moins le premier arrêt qui ne fut cassé qu'après beaucoup de larmes et de promesses; il fallut même pour désarmer la mère que le père intervînt. Quelle foi! quel exemple!

Rien ne passait inaperçu aux yeux de Madame Bolopion. Le goût des petites parures, que tant de mères, hélas! nourrissent avec une sorte de folie dans le cœur de leurs filles, les mensonges légers, les gourmandises d'enfant, les ruses pour échapper à la surveillance, lui attirèrent de salutaires humiliations. M. l'abbé Regnier, qui, tout jeune, a été lui-même élevé par Colombe, racontait que plusieurs fois après qu'elle l'avait repris, il l'entendit lui dire : « Il serait bien à souhaiter, mon enfant, que j'eusse été plus longtemps avec ma chère mère, elle m'eut préservé de bien des fautes; je ne suis pas ta mère, mais je tiens sa place, et je t'aime comme si tu étais mon enfant. — Et là-dessus elle me racontait, ajoute le bon prêtre, quelqu'une de ses humiliations d'autrefois. Mon cœur se serre au souvenir de ces paroles si précieuses, et de cette âme si bonne! »

M. Bolopion joignait ses avis à ceux de sa vertueuse épouse. Il chérissait ses enfants au-delà de tout ce que l'on peut exprimer; son regard, ses paroles douces, ses caresses leur disaient son affection; mais il n'oubliait pas qu'il était chrétien. Aussi se proposait-il avant tout de bien former le cœur de ses filles. Il leur racontait ses vivacités de jeune homme, et la fermeté que montra son père, dans une circonstance entre autres. « Un jour, dit-il, lassé de la vie de pension, je quitte mes maîtres et j'arrive à la maison. Ma mère, bonne, trop bonne, comme presque toutes les mères, voyait bien l'étourderie, mais les caresses de son enfant lui faisaient oublier ma faute. Mon père arrive; son air grave et majestueux annonce qu'il médite un grand coup : quel sera-t-il? Aux plaintes du petit déserteur il ne répond qu'un mot : « C'est bien, dit-il, j'avais besoin « d'un garçon de charrue, le voilà tout trouvé. » Et le lendemain, au point du jour, il m'éveille lui-même; le temps n'est pas bien riant, n'importe, on va à la charrue. On prolonge le travail au-delà du terme. Le lendemain, même alerte : on se lève avec l'étoile du matin; surcroît de fatigue. Le troisième jour, les larmes commencent à couler; le métier était rude; et ce père qui savait être père arrive à se faire prier par la mère et encore plus par l'enfant; finalement il consent à me reconduire à la pension. Je fus ainsi radicalement guéri de la tentation de recommencer. »

C'est par des traits de ce genre qu'un père qui entend bien ses devoirs et le bonheur de ses enfants pourrait former doucement leurs cœurs, sans recourir aux émotions de la colère et aux cris du blasphème.

Une des tentations les plus rudes pour les jeunes filles, on le sait, c'est la vanité. Colombe et plus tard sa sœur cadette aimaient demander à leur excellent père de quoi satisfaire ce penchant, lui peignant le luxe de leurs compagnes, bien au-dessous d'elles cependant pour la fortune. « Laissez donc, mes enfants, répondait le père, est-ce que vous ne voyez pas que ce sont là des *habits de papier*, vous n'en voudriez certainement point. » Et les petites filles de deviser sur cette expression gentille : *habits de papier*. « C'est vrai, disaient-elles ingénûment, car ça fait bien du bruit en montant l'église. — Vous n'y êtes pas, reprenait le père avec son noble sourire ; on ne les a payés qu'*en papier;* on a fait un billet au marchand, voilà tout, on n'a pas donné d'argent. »

La punition que Colombe redoutait le plus, c'était d'être privée du bonheur de porter l'aumône aux pauvres, ou d'accompagner sa bonne mère dans ses visites de charité. A elle en effet était réservé cet honneur, et une gracieuse révérence devait toujours accompagner l'aumône : on lui avait fait comprendre que les pauvres sont les membres de J.-C. Quelle n'était pas sa joie quand ces pauvres charmés de sa bonté l'accablaient de leurs bénédictions et lui disaient de ces mots que seules la foi et la reconnaissance inspirent !

Dieu donna à Madame Bolopion une marque sensible de sa protection. Un jour, pendant qu'elle faisait la toilette de Colombe dans une pièce voisine, un pauvre vieillard bien connu arrive. L'oreille de la jeune fille l'avait distingué ; elle veut à toute force s'échapper pour porter l'aumône. La mère qui n'avait rien entendu croit que c'est pure impatience de la part de l'enfant. Voyant que les mouvements de celle-ci ne cessent pas, elle va elle-même s'assurer du fait ; mais quel spectacle ! elle voit ses autres enfants à côté d'un grand feu qui déjà gagne le lit voisin de la cheminée; encore une minute et toute la chambre brûlait. Vite elle arrache ses petites filles aux flammes, pendant que le bon vieillard appelle au secours. Tout fut sauvé. Bien des personnes n'auraient vu en cela que l'effet du hasard; mais Madame Bolopion regarda cet événement comme une marque particulière de la protection divine, et une récompense de la charité de la jeune Colombe.

Des soins aussi assidus, une vigilance aussi active ne pouvaient manquer d'agir puissamment sur une enfant en qui la raison commençait à peine, et de préparer cette jeune âme à des grâces plus abondantes. Néanmoins son innocence courut de grands dangers : le monde est si rempli de séductions, même pour les tout petits enfants ! Heureusement sa pieuse mère, qui ne la laissait sortir que pour répondre à certaines bienséances, la suivait sans cesse de l'œil du cœur, et le cœur d'une mère chrétienne est toujours si clairvoyant !

Comme tous les enfants à qui la richesse ou une certaine gentillesse d'esprit donne quelque distinction, la petite Colombe, fille aînée de la première famille du village, d'une famille aussi accessible à tous dans un temps où, quoiqu'on en ait dit, les riches ne voyaient pas une si grande distance entre eux et le peuple, fut recherchée, flattée de tout le monde; elle devait être de toutes les noces, de toutes les petites parties de plaisir, et si on eut osé la demander, elle eût été marraine de tous les nouveaux-nés. Dans ces réunions, que de choses flattaient son orgueil, sa vanité! Plus l'enfant a de raison, mieux il saisit ce que l'on dit et ce que l'on fait, et plus aussi le coup est fatal. A quatre-vingts ans, la bonne demoiselle gémissait encore de ce temps perdu, des impressions produites en elle par les courses de son enfance; elle remerciait Dieu de la vigilance de sa mère et de sa fermeté pour couper le mal à la racine.

En vérité que de fautes on épargnerait aux enfants, et qu'il serait facile de préserver leur innocence, si l'on ne craignait autant la gêne et les soucis d'une sollicitude active! Mais on trouve plus facile de répéter des leçons banales de sagesse et d'honnêteté, de s'irriter et de punir sévèrement des étourderies sans importance, qui disparaîtraient avec l'âge et que l'on aurait pu prévenir avec un peu de surveillance. Ces pauvres mères se dirigent si peu elles-mêmes par l'esprit de foi, elles ont si peu l'œil sur leur propre cœur, elles ont si rarement réfléchi sur les fautes de leur jeunesse qu'elles ne voient pas l'abîme creusé sous les pas de leurs enfants; le verraient-elles, elles ne le redouteraient pas; la crainte de Dieu leur manque.

Cependant, qu'une mère chrétienne, puisant ses inspirations dans les enseignements de la religion, serait une excellente institutrice pour ses enfants! D'autres pourront leur donner la science; mais personne aussi bien qu'elle ne réussira à former leur âme à la pratique de la vertu; ses leçons persévérantes qne viendront fortifier de bons exemples auront une tendresse, une onction à nulle autre pareille, et laisseront une empreinte ineffaçable. Que de pécheurs, au moment suprême de la mort, ont dû leur conversion au souvenir de leur mère et de ses leçons!

Madame Bolopion, accablée par les soins d'un nombreux domestique, et voyant sa famille augmentée de deux enfants, se décida à envoyer sa petite Colombe au couvent de la Visitation à Langres (1) : elle avait neuf ans ; c'était en 1752.

Des religieuses toute pénétrées de l'esprit de leur saint état, dignes filles de saint François de Sales, occupaient cette maison. Sans négliger la culture de l'intelligence de leurs pensionnaires, elles s'appliquaient avant tout à en faire de solides chrétiennes. La jeune Colombe trouva une tendresse et une sollicitude particulières dans sa principale maîtresse, Madame Ménissier, que des liens de parenté unissaient à la famille de sa mère. Il arriva même que les soins dont celle-ci entourait sa chère élève — elle partageait sa cellule — excitèrent la jalousie de quelques pensionnaires. A l'occasion d'un petit démenti, une d'elles laissa échapper à l'adresse de la sœur des propos injurieux. Aussitôt Colombe de courir exprimer à celle-ci toute la peine qu'elle en avait ressentie. Mais quelle surprise! « Qui vous a appris, jeune fille, répond Madame Ménissier, à venir ainsi me flatter au détriment de votre compagne? Si vous n'aviez pas manqué à ces demoiselles, elles vous auraient respectée aussi bien que moi. Je hais les rapporteuses, et pour vous apprendre à être plus réservée, vous porterez votre bonnet de nuit toute la journée. » Grand fut le chagrin de l'enfant, mais l'arrêt était prononcé ; elle se soumet, cache ses larmes, sans pourtant comprendre toute la sagesse de la réprimande. Le lendemain matin son amour propre, redoutant la punition, sut trouver une petite ruse. Pendant que la sœur était à l'office, elle court au jardin, choisit les plus jolies

1 Les Visitandines s'établirent à Langres vers le milieu du dix-septième siècle. Elles tinrent pensionnat jusqu'à la Révolution, rue Sainte-Barbe. Leur chapelle a été depuis convertie en un arsenal. Il n'existe plus qu'une partie du couvent.

fleurs, en forme un bouquet, et l'attache au crucifix qui surmonte le prie-Dieu de la cellule et se retire. Que l'on juge de l'agréable surprise de Madame Ménissier à son retour? Ses yeux, d'accord avec son cœur, allaient toujours droit au crucifix; elle aperçoit l'ornement nouveau et devine facilement l'auteur. Elle appelle Colombe. Cette aimable enfant rougit, la bonne sœur comprend, l'embrasse et lui pardonne. Quelle sage et utile leçon!

Le caractère facile et aimable de la pieuse enfant lui ménagea beaucoup d'amies parmi les pensionnaires. Au déclin des années, toutes aimaient à se revoir, et à s'entretenir de leur enfance; leur amitié n'avait rien perdu de sa tendresse et de son ardeur première. Qu'il était gracieux le récit qu'elles faisaient de ces beaux jours passés à l'ombre du cloître! Elles redisaient la noble simplicité des bonnes sœurs; leurs paroles, leurs manières, leurs goûts, rien n'était oublié. Quand elles racontaient surtout la sainte mort de quelques-unes d'entre elles, vous eussiez vu ces visages brisés par l'âge et les infirmités se rajeunir et reprendre une parure nouvelle sous les charmes de la vertu.

Pour être exact, il faut dire que Colombe eut de grands efforts à faire pour vaincre l'amour propre qui se développait en elle au fur et à mesure qu'elle avançait en âge; il trouvait un aliment dans les qualités rares dont elle était douée et les éloges qu'on accorde toujours trop volontiers aux enfants. « On se serait bien gardé de me louer, disait-elle naïvement plus tard, si on avait su combien mon cœur le désirait. Qu'on est donc malheureux de donner tant d'orgueil aux enfants! »

Colombe aveit été admise à la première communion dans le courant de l'année 1755 : aidée par les conseils de ses pieuses maîtresses, elle s'y était préparée de son mieux. Les vacances du mois d'août arrivèrent. Elle quitta le couvent, la joie dans le cœur, tout heureuse d'aller revoir ses chers parents, et s'édifier encore au spectacle de leurs vertus. Hélas! cette joie ne devait pas durer longtemps. Le Seigneur lui ménageait une rude épreuve. Le 5 octobre suivant elle perdit sa bonne mère, qui expira en mettant au monde son sixième enfant. Inutile de dire les larmes qui coulèrent. La perte était grande pour tous.

M. Bolopion, absorbé par les occupations extérieures, se vit obligé d'abandonner à sa fille aînée, qui n'avait que 12 ans, l'intérieur de la maison, et celle-ci ne pouvait compter que sur l'aide d'une ancienne domestique. La prière, la fuite des occasions, les saintes lectures, la vie retirée, la fréquentation des srcrements lui firent traverser sans naufrage cet âge si critique. Chaque année elle obtenait de son père d'aller passer quelques jours chez les Visitandines de Langres; elle y comptait de nombreuses amies. Là, elle faisait une confession générale, se retrempait dans sa ferveur d'autrefois et revenait à Pierrecourt remplie d'une nouvelle ardeur.

Chaque dimanche elle réunissait à la maison paternelle ses compagnes, leur apprenait des cantiques, leur faisait de pieuses lectures qu'elle prenait la peine d'expliquer : ce qui amenait des entretiens d'une douceur incomparable et d'une grande efficacité.

Peu de temps avant sa sortie du pensionnat, Colombe avait eu le bonheur d'assister à une cérémonie de vêture et de profession religieuse. Dire l'émotion qu'elle éprouva en cette touchante circonstance serait impossible. Dès lors son plus ardent désir fut d'être admise parmi les novices, aussitôt que son âge le lui permettrait; cette pensée, même au milieu des occupations qui semblaient devoir l'en éloigner, ne la quitta jamais.

Quelques années après, M. le curé de Pierrecourt, édifié de la conduite de Colombe, ignorant comme la mère des Machabées par quels secrets ressorts cette enfant spirituelle avait été dirigée, mais voyant l'action de Dieu, céda à ses instances et lui permit un voyage au couvent de Langres pour y méditer dans le silence de la retraite sur la grande affaire de sa vocation, à l'aide des lumières et de l'expérience de son directeur.

Tout paraissait favorable à son pieux dessein. Sa sœur, âgée de 18 ans, d'un caractère ferme, paraissait capable de la remplacer à la maison paternelle; elle avait du jugement et beaucoup d'adresse pour les ouvrages manuels; son père la chérissait et avait toute confiance en elle. Ainsi Colombe voyait les choses, ainsi croyait-elle qu'il fallait les voir. Elle part donc de chez son père emportant son secret. Comme l'oiseau échappé de la cage qui le retenait prisonnier chante sur les arbres d'alentour le bonheur de sa délivrance, se croyant affranchie de la prison du monde, elle se livre à une douce jubilation. Malgré les ennuis inséparables d'une détermination aussi grave, son âme est inondée de délices. La pauvreté, l'abnégation, l'obéissance lui paraissent couvertes de fleurs; elle ne voit plus le monde que dans le lointain, elle ne sera plus au milieu de ses orages et de ses tempêtes; elle va à la maison du Seigneur se reposer dans le sein de Dieu.

Elle se berçait de cette douce espérance que le monde ne la reverrait plus. Mais que de fois Jésus ne visite ses élus que pour les préparer à de nouveaux combats, et en obtenir plus amplement le droit de bouleverser, d'anéantir si possible la nature.

La jeune fille se hâta d'ouvrir son cœur à l'homme de Dieu qu'elle trouva chez les saintes filles de St-François de Sales. Déjà il la connaissait. Il crut reconnaître en elle des marques de vocation : l'amour des vertus religieuses, les efforts persévérants qu'elle avait faits pour pratiquer l'humilité, l'obéissance, la pureté. Depuis longtemps elle avait appris à n'aimer plus les biens de la terre et à n'en user que pour le soulagement des pauvres et l'ornement du lieu saint; les plaisirs du monde et ses voluptés ne lui apparaissaient que comme des ennemis conjurés avec sa faiblesse pour la perdre.

Tous les supérieurs sont d'avis de la recevoir au nombre des novices. Mgr de Montmorin, alors évêque de Langres, consulté par Colombe, incline pour ce parti. Mais il fallait absolument le consentement du père. Elle n'ose lui écrire de sa main, dans la crainte de lui causer une peine trop vive; elle prie un frère de Madame Ménissier, qu'elle appelait son oncle à cause de l'alliance qu'il avait contractée avec une de ses cousines, de transmettre à M. Bolapion son désir, et d'en presser l'exécution.

La réponse était attendue avec une cruelle inquiétude. Elle arriva, et c'est Mgr de Montmorin lui-même qui se chargea de la transmettre. La voici :

« Langres, le

« J. M. J.

« Je viens de voir votre oncle, Mademoiselle; les
« ordres de M. votre père sont si précis et si formels
« pour que vous retourniez chez lui, au moins pour

« quelque temps, qu'il ne me paraît pas possible que « vous refusiez de lui obéir. Je sens votre peine sur « ce que vous me marquez dans votre lettre; mais si « vous ètes bien fidèle à répondre aux grâces du « Seigneur, il vous donnera la force d'éviter avec « soin les occasions qui pourront être dangereuses « pour votre âme. Soyez exacte à faire vos prières, « soir et matin, à prendre tous les jours une ferme « résolution d'éviter toute occasion dangereuse. « Eloignez de votre esprit toutes les pensées qui « pourraient éveiller en vous de mauvais senti- « ments; ayez soin de faire tous les jours une lec- « ture pieuse, votre examen tous les soirs sur les « fautes que vous pourrez avoir commises. Pendant « le cours de la journée, élevez votre cœur vers le « Seigneur, surtout pour lui demander la grâce de « plutôt mourir que de rien faire qui puisse l'offen- « ser. Offrez-lui vos peines, votre travail, en esprit « de pénitence, et pour attirer sur vous l'abondance « de ses grâces, soyez très-docile à M. votre père, « très-douce à vos sœurs. Si vous êtes bien fidèle à « tout cela, le Seigneur vous bénira et vous fera « connaître sa sainte volonté. S'il conserve en vous « par sa grâce la sainte volonté de vous consacrer « à lui dans la religion, nous ne vous rejetterons « pas; mais tâchez de mériter cette faveur par « tout ce que je viens de dire. Je ne cesserai de la « demander pour vous au Seigneur. Je suis, Mademoi- « selle, votre très-humble et très-obéissant serviteur.

« † G. Evesque de Langres. »

« Soyez exacte à approcher souvent des sacre- « ments de Pénitence et d'Eucharistie : c'est là où « vous trouverez votre force. »

Le coup fut terrassant pour la pieuse fille : elle

avait cru un instant être arrivée au port de la paix et du salut, pour y vivre à jamais cachée en Dieu, loin de tous les ennemis de son âme. Ses larmes coulèrent avec abondance, et jamais sacrifice ne lui fut plus pénible; et il fut long, car il dura toute la vie. « Peu de temps avant sa mort, dit un de ses protégés, elle en parlait encore, et je lui lisais la lettre de Mgr de Montmorin dont elle a respecté jusqu'au cachet (1). Au rétablissement des Visitandines à Dijon par Mgr de Boisville, en 1823, je la vis pleurer de regret en faisant ses adieux à plusieurs anciennes religieuses de Langres qui allaient se réunir à d'autres filles de St-François de Sales. Ses infirmités et celles encore plus graves de sa sœur ne lui permettaient pas de les suivre. »

Après la lettre si précise du vénérable prélat, il lui fallut donc revenir au milieu de ce monde qu'elle avait fui; mais elle n'y apporta point son cœur; elle le laissa entre les mains de Marie qu'elle avait prise depuis longtemps pour mère; elle n'oublia pas, alors surtout, qu'elle n'en avait plus sur la terre, et que dès avant sa naissance elle était devenue son enfant.

La dévotion à saint François de Sales, récente à cette époque, avait toujours été bien vive en elle. Elle voulut intéresser ce grand saint à son sort. Avant de franchir le seuil de la sainte maison, elle alla se prosterner au pied de son autel, lui offrit ses larmes et le désir qu'elle avait d'être admise au nombre de ses enfants.

Inutile de raconter ses pleurs quand il fallut quitter le pieux asile et les bonnes sœurs, en qui elle

(1) L'original de cette lettre se trouve à la bibliothèque du grand-séminaire de Langres.

trouvait cette simplicité, cette noble candeur, ces tendresses qui ne fleurissent que dans les cœurs purs et chastes. Que de soupirs s'échappèrent de son cœur brisé! Mais rassurez-vous, généreuse fille, allez avec confiance, vous êtes à Marie, elle vous porte dans son cœur. Dieu le veut. Toujours vous demeurerez unie par vos prières et vos bonnes œuvres aux saintes filles de la Visitation ; elles continueront d'être vos sœurs et de vous regarder comme une enfant de la famille , elles vous le promettent. De nouveaux déboires vous attendent, des amertumes encore vous sont réservées; partez toujours, votre cœur est en lieu sûr. Et puis, ne faut-il pas au monde des exemples pour le confondre, l'édifier, et lui dire tous les jours qu'on peut vivre au milieu de lui sans se laisser prendre à ses filets.

Rentrée chez son père, Colombe souffrit beaucoup intérieurement de ce détour mystérieux par lequel le Seigneur la faisait passer. Comme les juifs exilés à Babylone, elle se tournait souvent du côté de la montagne de Sion. Elle pleurait, elle gémissait. Ne louons ni ne condamnons ses larmes : la nature a ses droits, et Dieu nous récompense de nos sacrifices. M. Bolopion n'eut point à se plaindre de sa tristesse; il la lui pardonnait volontiers; heureux de l'obéissance de sa fille, il n'avait plus pour elle de secret.

Plus d'une fois Colombe s'est reprochée d'avoir peut-être abusé de la liberté que son père lui accordait pour ses saints exercices. Mais celui-ci, chrétien éclairé, savait qu'un cœur qui a pris Dieu pour partage a besoin d'une certaine liberté; il n'ignorait pas que l'amour divin rend une âme plus pure, plus belle, plus tendre, plus noble, et il trouvait toutes ces qualités en sa fille. D'ailleurs ce qu'elle accordait à la prière et à la lecture, elle le prenait sur son sommeil. Souvent il se plaignait de son ardeur pour le travail, et lui commandait le repos. Il aimait à la voir entourée de compagnes qu'il savait dignes d'elle plus encore par leur conduite que par leur position; pour lui la vertu sans la fortune n'en conservait pas moins tout son prix et toute sa beauté.

Quand il le pouvait, M. Bolopion ne dédaignait pas de mêler sa conversation à celle de ces bonnes villageoises; son air majestueux et sa grandeur d'âme ne perdaient rien à descendre jusqu'à elles. Ses petits mots, ses anecdotes du vieux temps et du collége animaient et instruisaient la petite société. Ne trouvez-vous pas, cher leoteur, qu'il y a quelque chose de patriarcal dans cette conduite d'un bon vieillard qui nourrit ainsi la jeunesse des souvenirs d'autrefois, des traditions de la famille et de l'histoire du village? Tout prend vie pour ces jeunes âmes, tout leur parle et les instruit, tout, jusqu'aux pierres des chemins. Les débris qui couvrent les champs, les noms qui distinguent les diverses parties du finage, une vieille croix, ou même seulement son piédestal noirci, privé de sa colonne, l'antique tour de l'église, les inscriptions des tombeaux redisent au jeune homme, à la jeune personne l'histoire et les vertus de leurs ancêtres dont ils foulent la poussière, souvent sans se douter de ce qu'ils ont été.

Autrefois, il y avait bien des choses à raconter, car tout était couvert de monuments religieux; aujourd'hui, hélas! il n'en reste que des débris; mais que de faits ces débris rappellent encore; que de vertus ou de crimes! C'est un grand et vaste livre ouvert à tous, que les plus ignorants sauraient, si les vieillards de leur pays avaient pris soin de le leur raconter.

M. Bolapion avait aussi à cœur de perpétuer dans ses enfants la tradition d'exercer la charité, qu'il avait trouvée florissante au sein de sa famille. Il aimait les pauvres, prêtant aux uns avec plaisir, toujours à rente perpétuelle, pour ne pas les mettre à la gêne plus tard, faisant gagner la vie aux autres par des travaux qu'il se serait reproché d'exécuter lui-même : il eût cru s'avilir par une sordide avarice, et ravir à l'homme peu aisé le pain de ses enfants. Ses aumônes allaient de préférence au vieillard malheureux, aux enfants et aux orphelins; telle était sa bonté qu'il permit plusieurs fois à ses filles d'en prendre à la maison, de les élever, malgré l'ingratitude notoire de quelques-uns : on sait qu'un moyen sûr et presque infaillible de se créer des ennemis, c'est de rendre service et de faire du bien. Mais si nous ne sommes charitables qu'envers ceux qui en sont dignes ou que nous aimons, quel mérite aurons-nous, dit N.-S.; les payens n'agissent-ils pas ainsi?

La fille aînée de M. Bolopion continua ses soins à ses sœurs avec la même attention qu'autrefois; sa vertu, son âge, la confiance nouvelle que lui accordait son père lui donnaient sur elles une plus grande autorité. Elle en profita pour la sage direction de toute la maison. Chaque jour, sauf les temps où les travaux étaient urgents, quelques-unes des domestiques et les ouvrières assistaient à la sainte messe; les lectures pieuses, le chant des cantiques et la récitation du chapelet leur servaient de délassement. Et le dimanche on s'entendait pour faire à l'église paroissiale tout ce qu'exige la propreté du lieu saint et sa décoration. « J'eus le bonheur, lisons-nous dans les notes que nous a laissées M. l'abbé Regnier, de visiter plus tard cette paroisse et d'apprendre de la bouche même de son pasteur que les meilleures mères, les âmes les plus zélées pour le bien étaient toujours les vieilles amies de Colombe. L'une d'elles, à l'âge de 75 ans, avec ses infirmités et sa voix brisée, était toujours à la tête de la Congrégation. Son âme forte et vive savait dominer avec bonté et entraîner avec douceur à sa suite toutes les jeunes personnes qui semblaient ne point s'apercevoir de la très-grande disproportion de l'âge. »

Et cependant Colombe était presque livrée à elle-même; elle manquait d'une direction suivie. La paroisse de Pierrecourt, après avoir été autrefois le siége d'une Aumônerie célèbre, était devenue une commanderie de l'Ordre de Malte; on voit encore aujourd'hui à deux kilomètres du pays les restes de l'édifice où habitaient les bénéficiers. Au milieu du 18e siècle, le Commandeur d'aumônières avait le titre et exerçait les fonctions de curé de Pierrecourt; l'Ordre lui adjoignait un vicaire. Or, les changements qui survenaient étaient fréquents. Il y avait aussi bien des *interim*, pendant lesquels la paroisse était desservie par les PP. Capucins de Champlitte. Tout le monde souffrait de cet état de choses, mais personne ne dut en souffrir plus que notre pieuse fille et ses compagnes. Cependant, animée d'une foi forte, basée sur une connaissance solide de la religion, elle tint bon pour elle-même, que dis-je? elle fut le soutien des personnes qui lui avaient donné leur confiance.

Cependant arrivait, en 1763, à Pierrecourt, comme auxiliaire de M. le Commandeur, un prêtre prudent, zélé, M. l'abbé Charmetton. Issu d'une excellente famille du Lyonnais, il semblait choisi de Dieu pour cultiver cette portion de la vigne du Seigneur dont les besoins spirituels réclamaient une main habile. Bientôt sa candeur, sa modestie grave, majestueuse et douce lui eurent gagné les cœurs, et ses talents secondèrent admirablement le zèle dont il était animé. Grâce à ses soins, l'église paroissiale fut rebâtie à neuf et décorée aussi bien que possible. Ami intime de M. Bolopion, ils allèrent ensemble à la Trappe et y firent une retraite de huit jours.

Mademoiselle Bolopion accorda une confiance pleine et entière au jeune prêtre, et, sous sa direction aussi ferme que douce, elle fit de rapides progrès dans la vertu. Il eut à cœur surtout de lui inspirer ou plutôt de développer en elle la dévotion au Sacré-Cœur de Jésus. Cette dévotion était encore à sa naissance : les premiers Brefs des Souverains-Pontifes en sa faveur, datent de 1757 et de 1765. Il la conduisait souvent aussi sur le Calvaire, au pied de la Croix de Jésus, et lui apprenait qu'aimer Dieu, ce n'est pas seulement penser à lui, le prier, jouir de ses consolations, mais surtout *agir* et *souffrir* pour lui et avec lui. Elle avait grand besoin d'être enracinée dans l'amour de la croix, cette marque infaillible de prédestination. Depuis longtemps il lui était donné de goûter le don de Dieu ; des lumières nouvelles et de grandes consolations avaient inondé son âme, présage certain de terribles combats.

Les premiers temps du ministère de M. Charmetton s'étaient écoulés avec rapidité ; la moisson avait été abondante ; il avait comme rajeuni sa paroisse par la manière neuve, solide, onctueuse dont il savait présenter les vérités divines. Les sacrements étaient plus fréquentés ; le libertinage, — car hélas ! dans ces temps de foi il y avait aussi de grands vices, — était refoulé dans ses honteuses ténèbres ;

la modestie et la piété, assises sur les fondements de la crainte et de l'amour de Dieu, apparaissaient avec tous leurs charmes, et promettaient pour l'avenir des fruits abondants.

C'était l'œuvre de Dieu : il fallait un orage et des épreuves. A la vue de cette jeunesse plus avide des sacrements, plus éloignée des plaisirs corrupteurs; à la vue d'une foule plus nombreuse qui, tous les matins, accourait à la maison du Seigneur, pour assister à l'auguste sacrifice, et le soir encore revenait visiter Jésus dans la solitude, l'enfer frémissait : il ne tarda pas à livrer un terrible assaut.

Les personnes qui étaient au service de M. le curé, offensées des louanges données peut-être imprudemment et trop haut à M. le vicaire, jalouses pour leur maître d'une confiance dont il n'avait plus besoin puisque le travail lui devenait trop pénible et presque impossible, furent les premières à murmurer. Leur susceptibilité donna l'éveil aux méchants; ce fut la brèche par où ceux-ci pénétrèrent pour troubler le troupeau fidèle et soulever un orage qui ne pouvait qu'affliger extrêmement les victimes. Mesdemoiselles Bolopion étaient à la tête du mouvement religieux, et leur exemple entraînait les autres. Le respect que l'on avait pour leur condition et leurs vertus, la reconnaissance pour leurs bienfaits auraient dû empêcher les murmures : il n'en fut rien. Leurs visites au Saint-Sacrement, leur empressement à assister chaque jour au divin sacrifice, leurs confessions, moins rares qu'autrefois, n'étaient plus aux yeux de certaines gens des actes de religion, mais de curiosité et de satisfaction.

En d'aussi douloureuses circonstances, ces pieuses filles prirent pour règle de conduite cette maxime des Saints : *Faites bien et laissez dire.*

Quand une personne n'a que des intentions droites, que la prudence accompagne ses démarches et qu'elle demeure soumise à son directeur, il n'y a rien à craindre pour elle. La calomnie ne fait qu'accroître sa vertu, l'unir à Dieu plus intimement, et appeler sur ceux qui en sont les auteurs et s'en font les propagateurs, la vengeance divine.

Plus M. Charmetton avançait, plus il entrevoyait le bien dont Mademoiselle Colombe pouvait être l'instrument. Sur son avis et avec le consentement de M. Bolopion, elle alla passer six mois à Gilley, paroisse voisine, chez les sœurs de saint Vincent qui avaient là un hospice et une école pour les petites filles (1). Elle s'y fortifia de plus en plus dans la vie chrétienne, et en peu de temps elle y apprit à soigner les malades. Elle étudia la pratique de la saignée, les propriétés des herbes médicinales, et même le traitement des maladies les plus graves et le pansement des plaies les plus difficiles ; ce qui la rendit apte à rendre dans la suite de grands services aux infirmes qui venaient à elle, et aux médecins qui lui confiaient l'exécution de leurs ordonnances.

Heureux de favoriser les penchants de sa pieuse fille et de la conserver à ce prix, M. Bolopion lui laissa, à son retour, toute la liberté qu'exigeait cette nouvelle carrière de charité. Qu'il était touchant de voir cette jeune demoiselle, les yeux modestement baissés, allant d'une maison à une autre, visiter les malades et les affligés, parlant à tout le monde avec simplicité et noblesse, répondant à toutes les questions qu'on lui adressait ! Et cependant, il n'y avait

(1) Cet hospice et cette école avaient été fondés et dotés en 1708, par Jean-Baptiste Piétrequin, seigneur de Gilley et autres lieux.

rien d'inutile dans ses conversations si multipliées. Dès le matin, elle savait se pénétrer fortement de la sainte présence de Dieu, et se dépouiller des pensées futiles en conversant avec les anges dans l'oraison. Aussi, à l'heure où les ménagères commencent à peine leur journée, on pouvait dire que la sienne était déjà remplie. L'intérieur de sa maison se trouvait en ordre, déjà elle avait vu ses malades, et leur avait apporté les boissons et les remèdes qu'elle avait eu soin de préparer la veille.

Cependant il lui fallut livrer de rudes combats à l'amour-propre; cette petite passion trouvait si bien son compte dans la reconnaissance et les paroles élogieuses des pauvres et des malades soulagés par elle! On le sait, l'orgueil se nourrit de tout; cette pieuse fille devait donc être continuellement sur ses gardes; réussissait-elle, l'amour propre se trouvait content et jouissait en lui-même; rencontrait-elle quelque obstacle, il s'affligeait. Oui, nous l'avouons sans difficulté, Mademoiselle Bolopion connut ces faiblesses et ces retours de la vanité. Les tentations chez elle furent violentes et longues : nous le savons par les lettres que lui écrivit plus tard son zélé directeur. Elle n'en connut que mieux tous les piéges de Satan, et n'en devint qu'un instrument plus utile aux jeunes personnes qui lui ouvraient leurs cœurs et trouvaient leur consolation dans ses entretiens. Que de choses, en effet, apprend la tentation? on voit mieux sa misère et son néant; on sent davantage le besoin de la grâce divine; on apprécie l'efficacité de la prière et des sacrements; on soupire après le bonheur des saints, et on souffre de ne pas le posséder encore.

Les lectures de Mademoiselle Bolopion étaient bien choisies. On lui voyait souvent entre les mains l'*Imitation de Jésus-Christ*, l'*Introduction à la vie dévote* et la *Vie des Saints;* c'est dans la vie des Saints surtout que sa pieté se nourrissait et s'animait à la vue des admirables modèles que l'on y rencontre. Mais le livre qu'elle mettait avec raison au premier rang, c'était la sainte Bible. Bien des fois déjà pendant son enfance, elle en avait parcouru les pages; mais, à l'époque où nous en sommes de sa vie, elle était à même de le mieux comprendre et d'en mieux apprécier toutes les richesses. Aussi possédait-elle parfaitement l'histoire du peuple de Dieu, l'Évangile et les Épitres des Apôtres, dont elle avait lu les commentaires dans Sacy.

Il faut avoir lu et relu nos saints Livres, pour se rendre compte du bien qu'ils font aux âmes. C'est la parole de Dieu même ; tous les mots renferment un sens profond, instructif, inépuisable en quelque sorte; tous les états de l'âme y trouvent des remèdes et des consolations; les ignorants y apprennent l'histoire entière de la religion, les savants y découvrent un aliment solide et un appui pour leur foi ; les affligés y lisent les voies mystérieuses de la souffrance par lesquelles le Seigneur conduit les siens à la sainteté ; c'est là que se déroulent sans danger pour la foi les profonds mystères de la prédestination et de l'action simultanée de la grâce et de la liberté humaine.

Et cependant que les saintes Ecritures sont peu connues de nos jours ! On cherche les livres des hommes, et on laisse le livre de Dieu. On oublie que, si l'âme trouve un aliment plus ou moins solide dans les écrits des philosophes et des littérateurs, elle doit se nourrir avant tout de la parole sortie de la bouche de Dieu.

Une des pratiques les plus chères à Colombe,

c'était la célébration des octaves des grandes fêtes de l'année. Les saints temps de l'Avent, du Carême, de Pâques, etc., lui fournissaient tour à tour l'occasion de prières et de pénitences plus nombreuses. Combien il est à regretter, disons-le en passant, que dans notre siècle, bien des personnes, chrétiennes d'ailleurs, négligent cet antique usage de l'Eglise de consacrer plusieurs jours, plusieurs semaines même, à la mémoire de nos grands mystères!

Cependant, depuis quelque temps surtout, la paroisse de Pierrecourt avait bien dégénéré; les hommes étaient devenus très insouciants pour l'accomplissement de leurs devoirs religieux; un certain nombre de femmes dont les passions et la malice avaient été si fortement combattues par le zèle du digne vicaire, M. Charmetton, et par les exemples de toutes celles qui s'étaient empressées de suivre sa voix, lui gardaient une haine implacable. Une épreuve plus pénible encore s'annonçait; toutes les têtes étaient en fermentation; on sentait que l'esprit révolutionnaire allait éclater. La vertu des âmes fidèles avait besoin d'un secours nouveau. Dieu prit pitié de la paroisse, et lui envoya un homme selon son cœur. Un saint religieux, le P. Protais, capucin de Champlitte, fut chargé de la desservir après le départ de M. Charmetton. Pendant quelque temps il exerça les fonctions pastorales, tout en demeurant dans son monastère; mais dès les premiers jours de la tempête révolutionnaire la maison des capucins de Champlitte fut envahie et les moines dispersés. Un asile fut offert au bon P. Protais chez M. Bolopion. Comme il tenait à son vœu de pauvreté, et qu'il ne possédait rien en propre, il accepta une aussi bienveillante proposition, et dès lors cette pieuse maison ressembla en tout à celles de la primitive Eglise où les fidèles se retiraient et où l'on célébrait en secret les saints mystères.

Ce fut là pour Colombe et sa digne sœur un bonheur inappréciable : elles avaient eu toutes les deux le vif désir d'embrasser la vie religieuse; elles profitèrent avec une sainte avidité de la présence du bon Père pour se fortifier dans la foi et la pratique des autres vertus. Sur son conseil la plus jeune prit l'habitude de réciter chaque jour l'office de la sainte Vierge selon l'usage des Visitandines; car, comme sa sœur, elle avait passé un certain temps au couvent de la Visitation à Langres. Colombe ne lui céda pas en ferveur : elle commença dès cette époque à dire le Bréviaire romain; bien des fois, pour soulager dans la récitation de la prière liturgique le Père capucin déjà avancé en âge, elle se joignait à lui. Sa piété y gagna beaucoup. Ce n'est pas que les soins du ménage fussent moindres; mais sa grande bonne volonté lui faisait trouver du temps pour tout.

Afin de se familiariser avec la sainte Ecriture, elle redoublait chaque jour d'attention pour en pénétrer le sens; la comparaison attentive du latin avec le français la mit à même au bout d'un certain temps de comprendre presque tous les psaumes, les antiennes et les hymnes; elle trouvait plus de difficulté dans les légendes; mais alors elle recourait au bon Père, qui lui donnait toutes les explications nécessaires. Il arriva même sur la fin de sa vie qu'elle préférait réciter ses prières en latin, le latin étant la langue de l'Eglise.

Dans les commencements, Mademoiselle Bolopion faisait beaucoup de prières vocales; mais à mesure qu'elle avançait en âge, son cœur se sentait embarrassé par les mots; le silence de l'oraison le mettait plus à l'aise; aussi abandonna-t-elle un grand nombre de ces prières : le bréviaire, le rosaire, quelques courtes oraisons pour se préparer à la mort, ou, à certaines fêtes, pour entrer dans l'esprit de l'Eglise, suffisaient à sa piété. Chez elle, soir et matin la prière se faisait en commun; le chapelet, récité également en commun, terminait délicieusement la journée. Elle avait la pieuse habitude de porter souvent son regard vers le crucifix; c'était surtout dans les moments où elle souffrait le plus, et pendant qu'elle récitait le saint office, qu'elle s'aidait de ces coups d'œil si propres à réveiller l'attention et à soutenir le courage. Dans le lieu saint la vue de l'image du Sauveur en croix et du tabernacle l'abîmait toute entière aux pieds de son Dieu; à l'âge de 85 ans, malgré les infirmités de la vieillesse, elle n'abrégeait pas les longues séances qu'elle avait l'habitude de faire à l'église.

Tant qu'il fut possible au P. Protais de demeurer dans la maison de M. Bolopion, il y reçut l'hospitalité la plus franche et la plus généreuse; il en profita pour affermir bien des âmes et les préparer au terrible orage qui grondait. Mais enfin, au commencement de 1792, les excès de la révolution furent tels qu'il lui fallut quitter le pays et chercher sur une terre étrangère un climat moins inhospitalier. Après son départ il n'y eut plus que quelques prêtres restés fidèles qui vinrent de temps en temps visiter la pieuse famille et le petit nombre de personnes admises dans son intimité; ils trouvaient là une petite chapelle où ils célébraient les saints mystères et administraient les sacrements.

Cependant Colombe continuait de vaquer ostensiblement à ses œuvres de zèle; malgré la violence de la persécution et l'ingratitude d'un grand nombre, elle visitait toujours les familles nécessiteuses et les malades, prodiguant son temps, son argent et ses soins les plus assidus, même à ceux qui se montraient le plus animés de l'esprit révolutionnaire.

C'est au milieu de ces œuvres saintes qu'elle fut atteinte d'une maladie grave, qui dura longtemps, et la conduisit aux portes du tombeau. Le prêtre intrus, averti du danger, vint lui offrir les secours de son ministère schismatique. La réponse qu'elle lui fit n'eut rien de choquant; mais elle mit dans le ton de sa voix une telle énergie que ce ministre prévaricateur ne fut plus tenté de revenir à la charge.

Cette maladie lui fournit l'occasion de faire à Dieu le sacrifice de son corps, de sa santé et de sa vie; inutile de dire qu'elle l'accomplit dans toute sa plénitude avec empressement et bonheur.

La révolution marchait à grands pas; on s'attaquait non-seulement aux prêtres et aux nobles, mais encore à tout ce qui passait pour ne pas approuver les désordres et les sanglantes orgies des démagogues. La maison de M. Bolopion était devenue le point de mire des insurgés de Pierrecourt et des paroisses voisines. Tous les soirs on venait rôder et faire la patrouille autour du jardin et sous les fenêtres pour espionner ceux qui entraient et sortaient. Aucun étranger n'arrivait à la maison, à quelqu'heure que ce fût du jour ou de la nuit, qu'elle ne fût à l'instant cernée et soumise à une visite domiciliaire, et, comme on le pense bien, on ne s'occupait guère de respecter les convenances et la probité. Oh! combien de fois ces cœurs si bons et si généreux furent déchirés par les avanies de ces misérables, à qui très-souvent, ils avaient donné le pain de l'aumône, des habits pour couvrir leur nudité, et des remèdes pour les préserver de la mort! Grossièretés, sarcasmes hideux et dégoûtants, propos impies et obscènes, tout leur était prodigué. Il fallait alors cacher les crucifix, les images, jusqu'aux portraits de famille, si on voulait les conserver intacts. En voici un exemple :

La maison Bolopion possédait, entre autres objets précieux, le portrait d'un ancien avocat de la famille Lacordaire. Un de ces forcenés lance sur cet innocent tableau des regards furieux, brandit son sabre et le perce. Il va porter un second coup quand une fille saisit le misérable par le bras et l'arrête. Mademoiselle Bolopion, d'un ton de voix calme et paisible, le pria de laisser en paix ce personnage, lui disant que ce n'était pas un *calotin* comme il le croyait.

Ils ne s'en tiennent pas à ces outrages. Ils fouillent dans les greniers où tant de fois ils sont venus chercher du blé, qu'on leur livrait toujours au prix le plus modéré, avec un crédit qu'on ne leur faisait jamais payer; ils s'emparent de tous les grains et rançonnent la maison, à tel point qu'on laisse à peine à ses habitants de quoi ne pas mourir de faim. Et puis, en sortant, on attaque la basse-cour, et on va chez l'un des chefs se régaler et se livrer à toutes les orgies aux frais des aristocrates. On ne se sépare qu'en se promettant bien de faire le même vacarme au premier *decadi*. Il était de règle que chaque dimanche on vint sommer les habitants de la maison Bolopion d'assister à la messe de l'intrus. Alors Colombe et sa sœur s'enfermaient dans le colombier dévasté, et pendant les offices du prêtre schismatique elles s'humiliaient devant N.-S., lui deman dant pardon pour les sacriléges profanateurs de ses mystères.

On prenait un malin plaisir à les contrister aux jours les plus sacrés. Il fallait qu'alors les fenêtres fussent bion garnies de volets pour qu'elles pussent se préserver des coups de pierre ; quelquefois les pieuses filles se trouvaient surprises, et les verres volaient en éclats, et les pierres venaient tomber à leurs pieds. Un jour même, une de ces femmes, vrai monstre, comme on en a tant vus en ces jours de lugubre mémoire, poussée par une rage diabolique, arrive au corps-de-garde, armée... d'une paire de ciseaux, « pour que l'on aille, dit-elle, couper les oreilles aux deux dévotes. » Quand elle voit que personne ne veut se rendre à son invitation : « Poltrons que vous êtes! s'écrie-t-elle, je ferai venir mes parents de D..., et ils feront l'affaire ; » et elle part comme une furie. Mesdemoiselles Bolopion ne firent qu'en rire. Cependant par prudence et pour complaire à leur père, elles restèrent cachées une partie du jour dit.

Les brigandages allaient toujours croissant. M. Pistolet, médecin de Langres, était venu à Pierrecourt visiter M. Bolopion, son ami. On le prit pour un prêtre; il fut obligé de fuir bien vite, pour ne pas être arrêté. M. l'abbé Forgeot, aussi de Langres, professeur au séminaire à l'époque où la Révolution éclata, s'était également refugié dans la même maison. Quoiqu'il eût soin de rester soigneusement caché, les espions, en faisant leur ronde, finirent par le découvrir pendant qu'il prenait son modeste repas avec tous les membres de la famille. Averti, il regagne vite sa cachette. Les forcenés s'apprêtent à faire des perquisitions pour s'emparer de sa personne. En vain M. Bolopion veut user de l'ascendant que lui donnaient son âge avancé et ses anciennes relations avec cette populace aveugle; en vain il proteste en disant que c'est un ami. Rien n'y fait. On l'arrête, lui-même ainsi que sa fille cadette, sans aucun respect pour les cheveux blancs — il avait alors 84 ans; — on n'ose pas s'emparer de l'aînée parce qu'elle est encore malade; on se livre ensuite aux recherches, et on découvre enfin M. Forgeot. Tous trois sont placés sur une mauvaise charrette et conduits sous bonne escorte à la prison de Champlitte. Chose pénible à raconter et difficile à croire, le malheureux qui avait mis la main sur le respectable vieillard et saisi le prêtre était un de ceux que Colombe avait soigné et arraché à la misère la plus extrême. Voici en deux mots son histoire. Un abcès lui était venu au bras; cet abcès ayant été négligé, le médecin ne vit d'autre remède que l'amputation. Colombe, qui accompagnait toujours celui-ci en ses visites, frémit à cette idée. « Je vous supplie, lui dit-elle, de penser un peu à quelle misère vous allez réduire ce pauvre père de famille; car vous savez qu'il a six enfants, et qu'il ne peut compter pour les nourrir que sur son travail de chaque jour. Tenez, essayons un appareil, vous mettrez le premier sur la plaie, et après avoir examiné comment vous procéderez, je me charge de l'appliquer autant de fois qu'il faudra. » Le médecin admire la confiance et le dévouement de la courageuse fille, et pour ne pas la contrister, cède à son désir : il pose l'appareil. Tous les jours qui suivirent on voyait Colombe s'acheminer vers la chaumière du pauvre patient, munie de tout ce qu'il fallait pour le soulager, lui et sa nombreuse famille. Au bout de quelque temps les douleurs se calment, l'abcès se perce, et grâce aux soins empressés que lui prodigue la généreuse bienfaitrice, la plaie finit par se cicatriser complètement.

Eh bien! le croirait-on? le premier usage qu'il fit de sa santé fut de venir avec des gens ameutés saisir un prêtre dans la maison de Mademoiselle Bolopion, et arrêter le père et la sœur de sa bienfaitrice. « Malheureux! lui crie Colombe, voilà comment vous me remerciez! » Ce fut sa seule plainte, et elle retomba aussitôt affaissée sous le poids de sa douleur. Pas un cœur ne se montra sensible à sa peine; on voyait même ces furieux brandir leurs sabres autour d'elle, la menaçant de venir bientôt la chercher pour la réunir aux trois prisonniers.

Les semaines qui suivirent, elle se trouva seule au milieu d'hommes avinés qui reparaissaient très-souvent pour piller la maison et insulter à sa douleur et à ses infirmités. Que l'on juge de sa lamentable situation!

Vers le même temps un autre prêtre caché à la maison dans un grenier bien fermé fut encore découvert par un des *protégés* de Colombe. Les perquisiteurs étaient las de leurs recherches infructueuses et allaient se retirer, emportant quelques volailles pour se dédommager de la mésaventure, lorsqu'un des filleuls de la demoiselle, envers lequel elle avait été d'une bonté extraordinaire, lève les yeux vers le grenier et y aperçoit une espèce de cachette. « Celui qui a fait cette cachette, demande-t-il, n'y serait pas resté par hasard ? » On applique aussitôt une échelle, on ouvre et on trouve le prêtre. Il fut immédiatement dirigé vers le chef-lieu du district; mais, comme ses conducteurs étaient de braves gens, ils lui donnèrent la liberté à quelque distance de là.

Revenons à nos prisonniers et à Colombe, restée

seule ou presque seule à la maison paternelle. Elle eût bien désiré suivre son excellent père afin de le consoler durant son exil. L'éloignement de ceux qu'elle aimait rendait son martyre plus cruel. On semblait prendre encore à tâche, pour ajouter au chagrin qui la minait, de ne lui laisser ignorer aucune des tristes nouvelles qui circulaient, comme si, de la chambre qu'elle habitait, elle ne pouvait pas suffisamment voir ce qui se passait. Des chants d'ivresse, des cris furibonds retentissaient à tout instant sous ses fenêtres; le laboureur chassant ses bœufs, le vigneron portant son hoyau, le jeune enfant conduisant le bétail commençaient là leurs blasphèmes et leurs couplets révolutionnaires. Que de souffrances, de tortures cette généreuse fille dut endurer!

Ce ne fut que longtemps après qu'elle reçut enfin des nouvelles de son père et de sa sœur. De Champlitte, ils avaient été conduits à Vesoul, de là à Langres, puis à Chaumont. Quelques amis, entre autres MM. Guérinot et Toupot, obtinrent qu'ils ne fussent pas, comme tant d'autres, hélas! transportés à Paris; car, à Paris, c'était Robespierre et l'échafaud. On les dirigea en dernier lieu sur Gray.

Durant cet intervalle de plusieurs mois, la santé de Mademoiselle Bolopion se rétablit un peu. Ne pouvant plus supporter l'épouvantable spectacle qu'elle avait sous les yeux tous les jours, et le chagrin que lui causait sa séparation d'avec son père qu'elle aimait comme la prunelle de ses yeux, elle mit ordre à ses affaires et se rendit à Gray. Comment exprimer la joie et la consolation qu'elle ressentit en se retrouvant avec lui! Les chaînes que portent les prisonniers de J.-C., loin de les déshonorer, font leur bonheur et leur gloire.

Mademoiselle Bolopion reçut la plus cordiale hospitalité chez M. Demay, excellent catholique, qui élevait ses enfants dans la crainte de Dieu. C'était un nouveau Tobie; au milieu du bouleversement de toutes les idées, son cœur restait ferme et inébranlable dans la foi et la piété chrétienne; aussi le Seigneur l'a-t-il amplement récompensé, même dès ce monde : une de ses filles est venue mourir religieuse Annonciade à Langres, en 1825, et ses deux autres enfants ont été honorés de la dignité sacerdotale; lui-même, après la mort de son épouse, eut le bonheur d'être admis au nombre des ministres de J.-C.

Mademoiselle Bolopion trouva dans cette maison un repos et des consolations dont elle avait le plus grand besoin. « Quel bonheur pour moi, racontait-elle sur ses vieux jours, de voir cette famille se réunir dans sa chapelle domestique pour y faire la prière en commun, entendre une lecture fortifiante, et participer aux saints mystères, alors que partout les églises, fermées déjà depuis longtemps, pleuraient leur veuvage, que partout les prêtres étaient traqués comme des bêtes fauves, et qu'il suffisait, pour être incarcéré, d'avoir prononcé une parole contre le régime de sang que l'on subissait! Je pouvais enfin recourir à la divine Eucharistie aussi souvent que je le voulais, pour me fortifier au milieu de la persécution : de vénérables confesseurs de la foi, demeurés dans la paroisse au péril de leur vie, venaient toutes les nuits nous dire la sainte messe, et nous exhorter à rester inébranlables. »

Mais le Seigneur réservait à Colombe, à côté de bien douces consolations, une grande épreuve.

Son père avait toujours vécu en bon chrétien; il avait même, comme nous l'avons dit, passé quelques jours à la Trappe avec M. l'abbé Charmetton; néanmoins le tourbillon des affaires avait parfois ralenti un peu son zèle pour sa propre sanctification. Depuis six mois il gémissait dans la prison de Gray; ses loisirs, il les employait à prier, à lire et à converser avec ses pieuses filles, quand elles pouvaient pénétrer auprès de lui. Enfin, étant tombé malade, il fut placé dans une maison particulière sous la surveillance de la police. Or, par un bonheur tout providentiel, cette maison était contigue à celle de M. Demay, habitée par Colombe. Un des prêtres, qui y demeurait caché, put être introduit clandestinement dans l'habitation du bon vieillard; il le confessa, lui donna le saint Viatique, et lui adoucit par de fortifiantes paroles les rigueurs du dernier passage. Peu de jours après, il expirait entre les bras de ses pieuses filles dans les sentiments de la plus admirable résignation. Il fut inhumé à Gray sans aucun appareil du culte schismatique; mais pendant les obsèques présidées par l'officier civil, les deux prètres cachés chez M. Demay célébraient pour lui en secret la sainte messe, et récitaient l'office des morts.

CHAPITRE II.

Colombe se retire à Langres. — Sa charité envers les panvres, les établissements religieux, les prisonniers, les soldats, etc. — Son zèle pour la décoration de la maison de Dieu, et comment elle contribue à relever le séminaire et seconde les vocations ecclésiastiques. — Sa mort édifiante.

Suivons maintenant Mademoiselle Colombe dans la novelle position qui lui est faite.

Aussitôt après avoir rendu les derniers devoirs à son père, elle reprit le chemin de Pierrecourt, accompagnée de sa sœur qui venait d'obtenir son élargissement. Mais quel spectacle navrant elles eurent sous les yeux ! la maison paternelle était déserte, et n'avait plus ni portes ni fenêtres ; quelques animaux domestiques, échappés à la voracité des révolutionnaires, erraient çà et là perchés sur les arbres; et dans l'intérieur des appartements, ces courageuses filles ne retrouvaient plus celui dont la compagnie leur était si douce autrefois. Ah ! quelles furent pénibles et dures les premières semaines passées à Pierrecourt !

On leur fit encore des menaces pour les forcer à assister aux offices de l'intrus, car la liberté n'était pas encore rendue au culte catholique. Elles reprirent leurs habitudes d'auparavant, et de nouveau le colombier devint leur lieu de retraite, elles aimaient à s'en souvenir, et les mille petits détails de cette captivité servirent quelquefois à égayer leurs vieux jours.

Ce fut dans cet état de gêne et d'isolement qu'elles passèrent les derniers temps de la persécution, jusqu'à la fin de 1798. Alors elles purent songer à se choisir un lieu de repos. Rien ne les retenait plus à Pierrecourt : elles y avaient bien, il est vrai, leur patrimoine ; mais il leur était difficile de se procurer les secours religieux, le peuple ayant conservé quelque chose de son exaltation ; du reste les fermiers leur suscitaient des ennuis, et ne les payaient pas intégralement. Des amis leur conseillèrent de se retirer à Langres, elles y avaient des connaissances qui les accueilleraient parfaitement ; d'ailleurs elles trouveraient là d'anciennes religieuses visitandines qui leur serviraient de compagnes ; peut-être même pourraient-elles un jour, en des temps moins mauvais former ensemble une communauté.

La ville de Langres était généralement animée d'un meilleur esprit ; un certain nombre de prètres, demeurés fidèles, l'avaient choisie à leur retour de l'exil, pour s'y retirer ; et Mlles Bolopion en avaient connu plusieurs dans la maison de M. Pistolet, dont le grenier était devenu une chapelle domestique, et où elles avaient reçu piusieurs fois l'hospitalité pendant les jours mauvais. Sur le conseil de cet excellent chrétien, elles prirent le parti de venir se fixer à Langres.

Leur habitation était contigue à l'Hôtel-de-Ville du côté du couchant. Pourvues déjà de quelques ornements sacerdotaux, elles tranformèrent vite une de leurs chambres en chapelle ; car toutes les églises de la ville avaient été dévastées, c'étaient la plupart des magasins à fourrages, et à cette époque malheureuse, les prêtres ne trouvaient d'ornements et de vases sacrés que dans de rares maisons où quelques-uns de ces objets étaient restés cachés. Colombe avait naturellement la charge de sacristaine, et sa plus douce jouissance était de décorer le saint autel où J.-C., chassé de ses temples, daignait descendre chaque jour. Quel bonheur pour elle d'habiter si près de son Dieu, de lui donner même un asile! Chaque matin et chaque soir les heureux habitants de cette petite maison se réunissaient autour de la lampe qui brûlait sans cesse devant le St-Sacrement. O Jésus! quels cœurs vous aviez alors devant vous! qu'elles devaient vous êtres agréables les adorations et les louanges qui partaient de ces âmes battues de toutes les tempêtes de l'impiété! Les dimanches, la modeste chapelle et les chambres voisines étaient trop étroites pour contenir tous les pieux fidèles. On y psalmodiait les Vêpres, et Colombe avec quelques anciennes religieuses faisait toujours son chœur.

Il ne lui fallut pas longtemps pour se faire connaître de toutes les familles bien chrétiennes de la ville, nombreuses encore à cette époque; elle voulut s'associer à leurs bonnes œuvres. Au premier rang de ces bonnes œuvres figurait l'hospitalité envers les ministres de J.-C. et les religieux que la révolution avait réduits à la dernière misère pour les punir de leur inébranlable fermeté dans la foi. Le bon cœur de Colombe s'attendrissait à la vue de ces vieillards privés de tout. L'état de ses affaires temporelles était loin d'être brillant; mais quand on a l'âme ardente comme elle, une foi profonde, on sait s'imposer bien des sacrifices.

Un vénérable religieux, le R. P. Jean Climaque, prieur des Carmes de la maison de Langres avant la tempête révolutionnaire, lui fut recommandé de préférence. Seul de toute sa communauté, il avait refusé le serment et était resté fidèle. Loin de sa famille, sans ressource aucune, il vivait depuis quelque temps chez un serrurier avec les aumônes qu'on voulait bien lui faire; mais il manquait des soulagements que lui réclamait son grand âge, il était plus que sexagénaire. Colombe lui offrit une chambre, sa table et sa bourse; dès lors il devint l'aumônier de la maison, et le confesseur de toutes les personnes qui fréquentaient la petite chapelle, et le nombre allait en augmentant tous les jours. « Le Père Jean Climaque, dit M. l'abbé Regnier qui l'avait connu, était plein de foi, affable, patient, miséricordieux presque à l'excès ; son regard, ses paroles, ses manières, tout en lui prêchait la douceur. Il aimait la pauvreté qu'il avait vouée en embrassant l'état religieux. Nous lui avons entendu professer le plus profond respect pour notre saint Père le Pape, pour Pie VI en particulier, de qui il avait reçu un Christ en bois lors de son voyage à Rome, voyage durant lequel il fut nommé Prieur des Carmes à Langres. Ce christ est presque le seul bien qu'il ait emporté de son couvent. Jamais il ne voulut être dispensé de son vœu de pauvreté, sinon pour la possession des choses absolument nécessaires. A sa mort, arrivée en 1818, on ne lui trouva que la modique somme de 50 francs. »

Cependant la paix complète fut rendue à l'Eglise, et les temples se rouvrirent. Comme bien on pense, les demoiselles Bolopion prirent une grande part à la joie universelle. L'église cathédrale, seule de toutes les églises de la ville, fut livrée au culte ; mais en quel état elle se trouvait ! Tout ce qui en faisait autrefois la beauté et la richesse avait disparu ; la rapacité révolutionnaire n'en avait respecté que les murs. Colombe s'empressa d'offrir les modestes ornements de sa chapelle, un calice et un petit ciboire, et fit faire plus tard, pour elle et sa sœur, un banc à ses frais. En retour de tant de générosité, le conseil de Fabrique n'hésita pas à leur accorder des places gratuites dans le premier banc du côté de l'Evangile.

Pour réparer la maison de Dieu, toutes les âmes pieuses, il faut le dire, rivalisaient alors d'un saint zèle. Les belles cérémonies d'autrefois, les prédications, les prières publiques allaient donc reprendre leur cours; l'enthousiasme était à son comble, on se croyait transporté en une nouvelle contrée, en une sorte de paradis terrestre. Il y a quelques années, on voyait de vénérables vieillards pleurer d'attendrissement au seul souvenir de ces jours bénis. La joie et la ferveur de Colombe en particulier furent telles que, dans le commencement, se croyant encore jeune, et oubliant ses infirmités, elle restait à genoux sur le pavé froid de la cathédrale alors qu'il n'y avait pas encore de bancs, si longtemps qu'elle y contracta une grave infirmité, cause pour elle de douleurs journalières, Sa jambe droite se rétrécit, et ce ne fut désormais qu'à l'aide d'un bâton qu'elle put marcher. Elle traitait son corps comme un esclave, et pratiquait de grandes austérités. La crainte des jugements de Dieu était si vive en elle qu'elle en perdait quelquefois la paix intérieure. Voici ce que lui écrivit pour l'encourager en 1805, son ancien directeur, M. Charmetton :

« Chassez, ma chère fille, toutes ces craintes ; elles ne peuvent que diminuer en vous le grand amour que vous devez avoir pour notre divin Sauveur qui est le Dieu des miséricordes. Une sainte confiance doit vous animer dans toutes vos prières. Vous ne devez approcher de la table des anges qu'avec les sentiments de l'humilité et de la reconnaissance pour les grâces que vous avez reçues et que vous recevez tous les jours, vivant dans la douce espérance que votre céleste Epoux mettra le comble à ses bienfaits en vous donnant à l'heure de votre mort la couronne promise à ses vierges fidèles. Gémissez, mais gémissez avec un saint désir du ciel. Le moment approche, nous sommes sur le point d'arriver au jour qui finira nos misères... »

La maison de Mlle Bolopion était devenue pour ainsi dire l'asile des prêtres de la campagne, quand ils venaient en ville. Pendant la vie du bon Père Climaque surtout, ils y reçurent toujours une noble hospitalité. Le cœur de la vénérable demoiselle ne cherchait point les compagnies ; mais une telle société avait pour elle un charme secret ; elle voyait dans ces bons prêtres autant de vénérables confesseurs de la foi, les ouvriers de la vigne du Seigneur, et les restaurateurs de la vie chrétienne dans les paroisses. Oh ! quelle idée elle se faisait du saeerdoce, surtout quand il a reçu comme ici la triple consécration de l'âge, de la sainteté et des souffrances endurées pour la foi !

Une gaieté toute sainte rayonnait sur son front; jamais elle ne se serait permis ces tons de voix immodérés qui annoncent ou de la légèreté ou de l'affectation; on voyait souvent passer sur ses lèvres un sourire, mais c'était ce sourire qui annonce la candeur et la paix de l'âme. Elle haïssait l'esprit pointilleux et mordant qui blesse la charité; elle n'aimait pas non plus ces mémoires abondantes, riches répertoires d'anecdotes et d'historiettes plus ou mois ridicules et banales quand elles ne sont pas légères, et dont le propre est de s'emparer de la conversation et de l'entretenir sans fruit pour personne. Le silence était la correction qu'elle infligeait en pareil cas, jusqu'à ce qu'elle trouvât l'occasion de mettre adroitement sur le tapis un sujet utile. Ellè n'était point prêcheuse ; mais l'esprit de foi qui dirigeait sa conduite inspirait aussi ses paroles ; elle ne craignait pas de blâmer ce qui lui paraissait blâmable, ou d'approuver ce qui lui paraissait digne d'éloge. Du reste sa conversation variée plaisait beaucoup ; elle roulait souvent sur la bonne tenue d'une maison. Ce sujet lui était particulièrement connu ; on se rappelle qu'elle avait été chargée après la mort de sa mère peudant un temps assez long du gouvernement intérieur de la maison paternelle. Sa récréation consistait dans le soin de son colombier ; elle allait passer auprès des innocentes créatures qui le peuplaient une demi-heure le matin et une heure dans l'après-midi ; elle les tenait dans la plus grande propreté et ne laissait à personne le soin de leur donner à manger ; on raconte même qu'elle aimait à réciter ses prières vocales non loin d'elles, au milieu de leurs roucoulements ; la simplicité, la douceur, la fidélité de ces aimables colombes étaient pour elle un sujet fécond de salutaires réflexions. On jugera comme l'on voudra sur ces petits détails, pour moi je pense qu'il ne faut rien négliger dans la vie des âmes saintes ; les actions les plus vulgaires, parcequ'elles ont été faites avec des intentions surnaturelles, leur ont servi comme autant d'échelons pour arriver à la gloire du ciel.

Les revenus de Mlle Bolopion étaient assez restreints. Ajoutez qu'elle eut à passer des années bien mauvaises ; ses fermiers abusaient alors de sa bonté, et quelquefois elle recevait à peine de quoi vivre. Rien de plus pénible pour un cœur pieux, on le sait, que d'avoir affaire à des gens criant toujours misère. Elle le sentit et, de concert avec sa sœur, elle vendit tous ses biens à fonds perdus ; dès lors elle put compter chaque année sur une somme de 5,500 fr. Tranquille de ce côté, elle fit de plus grandes aumônes encore. Qui pourrait dire le nombre d'indigents qu'elle secourut ! Ses préférences étaient pour les religieuses sans asile et sans ressources, pour les pauvres honteux et pour les malades les plus repoussants : le pain, la viande, le bouillon, les petites douceurs nécessaires ou utiles aux vieillards, rien n'était épargné ; entrant dans tous les détails, elle allait elle-même à la recherche des malheureux, faisait leurs lits, etc., et quand elle ne le pouvait en personne, elle envoyait sa domestique la remplacer.

Les prisonniers avaient aussi une large part à sa sollicitude ; elle les nourrissait tous un jour par semaine jusqu'à l'époque où l'administration de la ville s'en fut chargée et eut régularisé le service.

On ne peut dire au juste pour quelle somme elle contribua à l'établissement à Langres des Frères des écoles chrétiennes, des Sœurs de la Providence et des Annonciades. Si à sa mort elle ne fit pas de fondation en leur faveur, elle leur donnait tous les ans. Sa foi éclairée lui découvrait dans ces saintes institutions une semence de bénédictions pour l'avenir, de précieux inctruments pour l'éducation chrétienne de l'enfance, des citadelles saintes où les âmes pures feraient pénitence, se dévoueraient, arrêtant ainsi le bras vengeur de la justice divine.

Non contente de faire des aumônes par elle-même elle aidait encore grandement les dames de charité. Jamais elle ne savait ce qu'elle donnait ; elle ne voulait pas qu'on le sût, sa main libérale puisait dans la caisse et ne comptait jamais.

Ce fut surtout durant les années de guerre, de famine, de maladies, en 1814, 1815, 1816 et 1817, que sa charité se signala à l'égard des malheureux.

La ville de Langres était alors le refuge de tous les pauvres de bien loin à la ronde; les routes qui y aboutissent en étaient littéralement couvertes. Oh! comme le cœur de Colombe s'attendrissait à la vue des vieillards, des infirmes et des enfants gisant dans les rues et à toutes les portes! Sa bonté si ingénieuse lui fournit mille moyens de les soulager; on eût dit que ses revenus avaient doublé avec les besoins. A défaut de pain qui était alors à un prix exorbitant, elle donnait du riz; chaque jour une foule de pauvres venaient à sa porte recevoir leur ration.

Les soldats eux-mêmes souffrirent beaucoup de la faim; elle eut pour eux la plus généreuse compassion. Quand en 1814 l'armée étrangère entra à Langres, ses chefs se montraient vivement irrités de la résistance qu'on leur avait opposée. Mademoiselle Bolopion rivalisa de générosité avec les familles les plus aisées de la ville pour apaiser le courroux des vainqueurs et épargner par sa noble conduite de grands maux aux habitants. Elle fit porter des vivres jusque sur la place, et mérita ainsi d'être choisie pour donner l'hospitalité au secrétaire et à l'aumônier de l'empereur d'Autriche.

Cette même année 1814, la ville de Langres, comme presque toute la France, fut décimée par une terrible maladie, le *typhus*. Plusieurs prêtres de la ville moururent victimes de leur charité; les autres, presque tous, touchèrent aux portes du tombeau. Le mal ne respectait ni la jeunesse, ni la force physique; toutes les classes étaient également frappées. On avait transformé en hôpitaux le séminaire et le collége. Mademoiselle Bolopion, faible et infirme, ne put les visiter; mais elle pourvoyait à leurs besoins en envoyant des secours de toute sorte, et en préparant elle-même la charpie pour les blessés.

Un autre genre d'aumône plus noble et plus précieux s'offrait à Mademoiselle Bolopion.

Les rangs du clergé s'éclaircissaient chaque année d'une manière effrayante par la mort des vénérables prêtres, confesseurs de la foi pendant la Révolution, et on n'avait pas de sujets pour les remplacer. Le séminaire de Langres, fermé depuis 1791 et complétement dépouillé alors, commençait à se relever; mais il fallait des ressources. Plusieurs familles de la ville se signalèrent par de grandes libéralités. Mademoiselle Bolopion consacra à cette excellente œuvre presque toutes ses aumônes jusqu'à la fin de sa vie. Plus de vingt prêtres ont été pendant leur éducation cléricale l'objet de sa générosité.

Parmi ces prêtres il en est un auquel nous devons une mention particulière, parce qu'il a été l'enfant d'adoption de la vénérée demoiselle : nous avons déjà prononcé son nom, M. l'abbé Regnier, de Soyers, décédé récemment curé de Lanty; il lui devait d'être honoré du sacerdoce. Nous allons le laisser raconter lui-même sa touchante histoire.

« C'était en 1817, nous écrivait-il, année terrible s'il en fut jamais! j'étais bien jeune alors : né en 1807, j'avais juste assez d'âge pour sentir la misère et m'en souvenir. Une livre de pain se vendait de douze à quinze sous, et quinze sous de ce temps-là en valaient de trente à quarante d'aujourd'hui. Et encore si on avait pu trouver du pain!

« La pomme de terre était à peine connue. Le bon roi Louis XVI l'avait introduite en France, l'avait même fait cultiver au Luxembourg, et jusque dans les jardins de Versailles. On lui en fit un crime, et il me souvient avoir entendu, à la rentrée de Louis XVIII, en France, une jeune fille de race révolutionnaire jeter à la face d'un ami des Bourbons, ces outrageantes paroles : « Que viens-tu « nous parler de ton mangeur de pommes de « terre? » On avait méprisé le bienfait du meilleur des rois, et on se voyait réduit à manger du pain de mauvaise avoine et de son, la luzerne, les orties, les chardons : oui, les chardons étaient devenus la nourriture de l'homme. J'en ai goûté moi-même, et j'ai vu entre autres un père de famille les manger avec délices; j'entends encore une bonne mère lui dire : « Pauvre homme! tu as donc la bouche « pavée! »

« Les populations, bien chrétiennes encore à cette époque, souffrirent en général avec une patience admirable. D'autre part, la charité fit des prodiges; que de personnes riches, par leurs généreuses aumônes, s'amassèrent des trésors ineffables dans les tabernacles éternels! La ville de Langres en particulier, oh! qu'elle se montra bonne pour les indigents! ils y accouraient de dix, de quinze lieues. On y faisait chaque jour des distributions de pain, de soupe, de riz, de pois, de gaudes, etc., devant certaines maisons, dans les hôpitaux, et jusque sur les places publiques. O bonne ville de Langres, que de bénédictions t'ont apportées en ces tristes années les pauvres de J.-C.! je t'ai aimée, enfant, et aujourd'hui, avec mes 70 ans, mon cœur n'est point refroidi pour toi, je t'aime et te bénis encore!

« Mes parents n'ayant pas de quoi nourrir leur nombreuse famille, j'étais du nombre des pauvres. Mais, faible et infirme, mon estomac ne pouvait supporter la nourriture plus que grossière des gens de la campagne; elle me faisait bondir le cœur. Depuis longtemps, je demandais la faveur d'aller avec les autres, demander à Langres le pain de l'aumône, si dur même pour l'enfant qui réfléchit. Je n'avais alors que dix ans et demi. Ma bonne mère ne consentit qu'à regret à mon départ : j'étais si chétif, et Langres était si loin!

« Avant de me laisser aller, elle me dit : « Mon « enfant, le voyage que tu vas faire est long, pé« nible, et nous ne savons pas si tu reviendras. « Mets-toi à genoux, et récite, les bras en croix, « pour t'obtenir un heureux voyage, cinq *Notre « Père*, et cinq *Je vous salue, Marie.* » Je fis comme elle me dit de faire, et je ne sais si jamais dans ma vie j'ai récité une prière avec autant de ferveur.

« J'avais deux tantes, domestiques à Langres, l'une chez Mademoiselle Bolopion, et l'autre à l'hôpital Saint-Laurent. Ma mère, craignant que je ne leur fusse trop à charge, m'avait recommandé de ne pas aller les voir.

« Je partis donc de Soyers. C'était au mois de juin. Le trajet fut pénible pour moi et mes compagnons de route : nous avions pris à la maison une si chétive nourriture! Mais il nous semblait que Langres que nous apercevions de loin devait être le terme de notre misère.

« Nous arrivons enfin, harrassés de fatigues. Les pauvres de la ville nous regardent d'un œil jaloux : ils nous repoussent même. Il est sept heures du soir, et nous n'avons encore pu rien recevoir. Mademoiselle Bolopion, par une circonstance toute providentielle, vient d'apprendre que le fils de la pauvre Marguerite de Soyers est dans la ville, avec quelques petits garçons de son âge : elle envoie sa domestique, qui était ma tante, me chercher. Celle-ci, avertie par mes compagnons de voyage, finit par me découvrir sur la place Saint-Didier. Quelle joie pour moi ! car la faim me pressait, et je ne savais encore où je pourrais passer la nuit.

« Conduit chez la bonne demoiselle, j'y fus reçu à bras ouverts. Inutile de dire que je mangeai d'un bon appétit, et que je dormis mieux encore. Le lendemain on me fit lire : on trouva que je lisais déjà passablement ; dès lors il fut décidé que je resterais jusqu'à la moisson pour pouvoir fréquenter l'école, et qu'après la moisson je reviendrais, et ne quitterais plus la maison.

« J'habitai donc désormais cette charitable maison. J'y vis mourir en 1818 le vénérable Prieur des Carmes. Ma première communion eut lieu en 1819. La vénérée demoiselle me plaça au séminaire quelques années après, et se chargea de tous les frais de mon éducation. Un de ses grands désirs était de ne pas quitter ce monde avant d'avoir accompli pour moi l'essentiel de sa tâche. Le bon Dieu lui en fit la grâce. Elle mourut quinze jours après que mon séminaire fut terminé, et je puis affirmer que, tant que je restai confié à ses soins, rien ne me manqua. Sans doute je me serais reproché d'abuser de son bon cœur pour me procurer des choses futiles ; quant au nécessaire, et même à l'utile, je n'avais qu'un mot à dire. »

Dans les dernières années de sa vie, M. le curé de Pierrecourt, jeune prêtre plein de zèle, vint lui peindre le triste état de l'église qui lui était confiée. Il n'y avait qu'un ostensoir en bois doré, mais vermoulu et brisé, qu'un ciboire en cuivre, que quelques surplis et quelques aubes en mauvais coton, qu'une ou deux nappes d'autel usées. Toutes ses ressources pécuniaires se trouvant épuisées, elle vendit ses couverts d'argent, ne s'en réservant que deux, pour acheter un ostensoir et un ciboire convenables. Pierrecourt lui était toujours cher, quoiqu'elle y eut beaucoup souffert.

Mademoiselle Bolopion n'avait pas attendu que la mort fût à sa porte pour s'y préparer ; elle savait que la vie ne doit être que l'apprentissage de la mort. Il lui restait à s'occuper de ses dispositions testamentaires, chose bien importante et souvent hélas ! bien négligée. Elle n'avait point de proche héritier ; d'autre part, elle avait fait pendant sa vie beaucoup de bien aux membres pauvres de sa famille. Elle ne possédait plus d'ailleurs que sa maison et son mobilier ; et elle voulait léguer ces objets à ses deux domestiques, dont l'une la servait depuis trente ans sans avoir jamais touché de gages, et l'autre depuis vingt-un ans. M. Lacordaire, de Coiffy-le-Haut, acheta la maison moyennant une rente viagère qu'il s'engagea à payer à ces deux servantes, et par son testament, Colombe leur légua son mobilier.

Elle ne stipula aucune prière en sa faveur. Ne voulant laisser à aucun de ses parents ce devoir si important et souvent si mal rempli, elle avait fait célébrer pendant sa vie un grand nombre de messes ponr elle et ses sœurs, et avait remis en main sûre la somme qu'elle destinait à être employée à son intention après sa mort.

L'heure de la délivrance approchait. On était en l'année 1828 ; les forces, l'appétit et le sommeil diminuaient ; les douleurs étaient plus vives ; on voyait s'éteindre de jour en jour cette lampe où brûlait une flamme si vive et d'où s'échappait l'encens des vertus les plus pures. La mort ne l'effrayait pas ; elle l'attendait au contraire avec une sorte d'impatience pour pouvoir s'envoler vers son Dieu; plus rien ne la retenait sur la terre, son cœur n'y était plus, et ses conversations n'avaient plus rien d'humain. Les discours frivoles l'eussent fatiguée; mais elle était toujours bonne, douce, sensible. Avec quelle aimable gaieté elle recevait les ordonnances du médecin! « Que voulez-vous faire, disait-elle, « pour une misérable propre-à-rien comme moi « à 85 ans? Il est bien temps de quitter ce monde. » Les pensées de saint Paul faisaient sa méditation continuelle : *La mort est un gain; je désire voir mon corps tomber en dissolution pour être unie à J.-C.;* c'était sa consolation à la vue de la grande plaie qui dévorait sa jambe.

Son état de souffrance ne fit que s'accroître jusqu'au mois d'août. On eut dit qu'elle savait d'avance le terme de sa carrière. Trois semaines auparavant, comme ses débiteurs tardaient à lui payer le premier semestre de sa rente viagère, elle leur fit écrire de se hâter. Et à peine eut-elle reçu la somme due, qu'elle en envoya une bonne partie aux différentes maisons religieuses de la ville qu'elle était si heureuse de pouvoir soutenir.

Laissons parler ici un témoin oculaire de sa belle mort, son fils adoptif, M. l'abbé Regnier :

« Au 15 août, écrivait-il, j'étais dans ma famille depuis peu de jours. Il tardait à ma vénérée protectrice de me voir : elle m'envoya chercher. J'arrivai le 16 au soir, et je remercie Dieu de cette première faveur. Non, jamais mon cœur n'oubliera le spectacle émouvant qui m'attendait; non, jamais je ne l'avais vue si bonne pour moi, si tendre, si affectueuse! elle m'aimait comme une mère! Après m'avoir demandé des nouvelles de mes parents, elle me dit qu'ils ne la reverraient plus. Il était cinq heures. Elle fit encore sa prière comme d'habitude. Seulement depuis quelques jours on lui avait caché son bréviaire. A 7 heures elle voulut aller se reposer; tout se faisait dans la pensée de la mort. Une demi-heure après on va la voir : elle priait toujours. « Que dites-vous donc? » lui demanda-t-on. — « Je récite, répondit-elle, le *Miserere* pour la con- « version des pécheurs : ils en ont bien besoin. » Elle perdit ensuite la parole. On lui donna le sacrement d'Extrême-Onction; elle s'était fait porter la veille à l'église cathédrale, et avait communié, et il était convenu que le lendemain on lui procurerait le même bonheur. Mais il ne devait plus y avoir pour elle de lendemain.

« Si elle avait perdu la parole, elle jouissait encore de ses facultés. Son agonie dura deux heures. Malgré la paralysie de la langue, quelques mots lui échappaient au milieu des soulèvements de sa poitrine : c'étaient les Litanies des agonisants qu'elle essayait de réciter, et qu'elle interrompit plusieurs fois sur mon invitation. Enfin sa figure s'anima un instant, on lui entendit murmurer ces paroles du prophète royal qu'elle avait prononcées si souvent en bonne santé : *Cor contritum et humiliatum, Deus, non despicies*; *Mon Dieu, vous ne mépriserez pas un cœur contrit et humilié,* et ensuite ces autres : *In manus tuas, Domine, commendo spiritum meum : Seigneur, je remets mon âme entre vos mains*. Et sans efforts, avec le calme d'une âme en paix avec son Dieu, elle s'endormit du sommeil du juste. Elle courait sa 85e année.

« M. le curé de Pierrecourt, averti de sa fin prochaine, était arrivé depuis quelques heures. Durant son agonie, il eut la pensée de réciter pour elle le psaume *Beatus qui intelligit super egenum et pau-*

perem : in die malâ liberabit eum Dominus; Heureux qui a l'intelligence des besoins du pauvre et de l'indigent : au jour mauvais le Seigneur le délivrera. Ces paroles ne pouvaient mieux trouver leur application : Mademoiselle Bolopion avait consacré sa vie entière au soulagement des nécessiteux et à toutes sortes de bonnes œuvres, et je ne doute pas que si nous eussions vécu dans un temps de foi et non d'indifférence on eût vu à sa mort les pauvres et les riches accourir autour de son corps pour s'en disputer quelques reliques, et admirer la beauté de cette figure que la mort n'avait point endommagée, mais au contraire rendue plus brillante et plus douce encore. Sa vue n'avait rien d'effrayant : la pâleur de la mort était bien sur son visage, mais jamais je ne lui avais vu d'autre teint. Malgré la plaie de sa jambe aucune odeur désagréable ne se faisait sentir autour de sa couche funèbre, où elle resta exposée jusqu'au lendemain à 6 heures du soir.

« Son convoi fut celui des amis de Dieu. Tout le clergé de la ville y assista. M. le curé de Pierrecourt ne voulut point partir sans lui avoir rendu avec nous les derniers devoirs.

« Les pauvres furent sans contredit le plus bel ornement de son cortége, et leurs larmes son plus beau panégyrique. »

Le corps de la pieuse fille fut déposé au centre du cimetière de la ville de Langres, à quelques pieds de la croix. On a fait graver sur la tombe cette courte mais éloquente inscription :

Cy git le corps de demoiselle Colombe Bolopion,
Vierge douce, humble et chaste,
Mère des pauvres, morte à l'âge de 85 ans.

LANGRES. — IMP. FIRMIN DANGIEN.

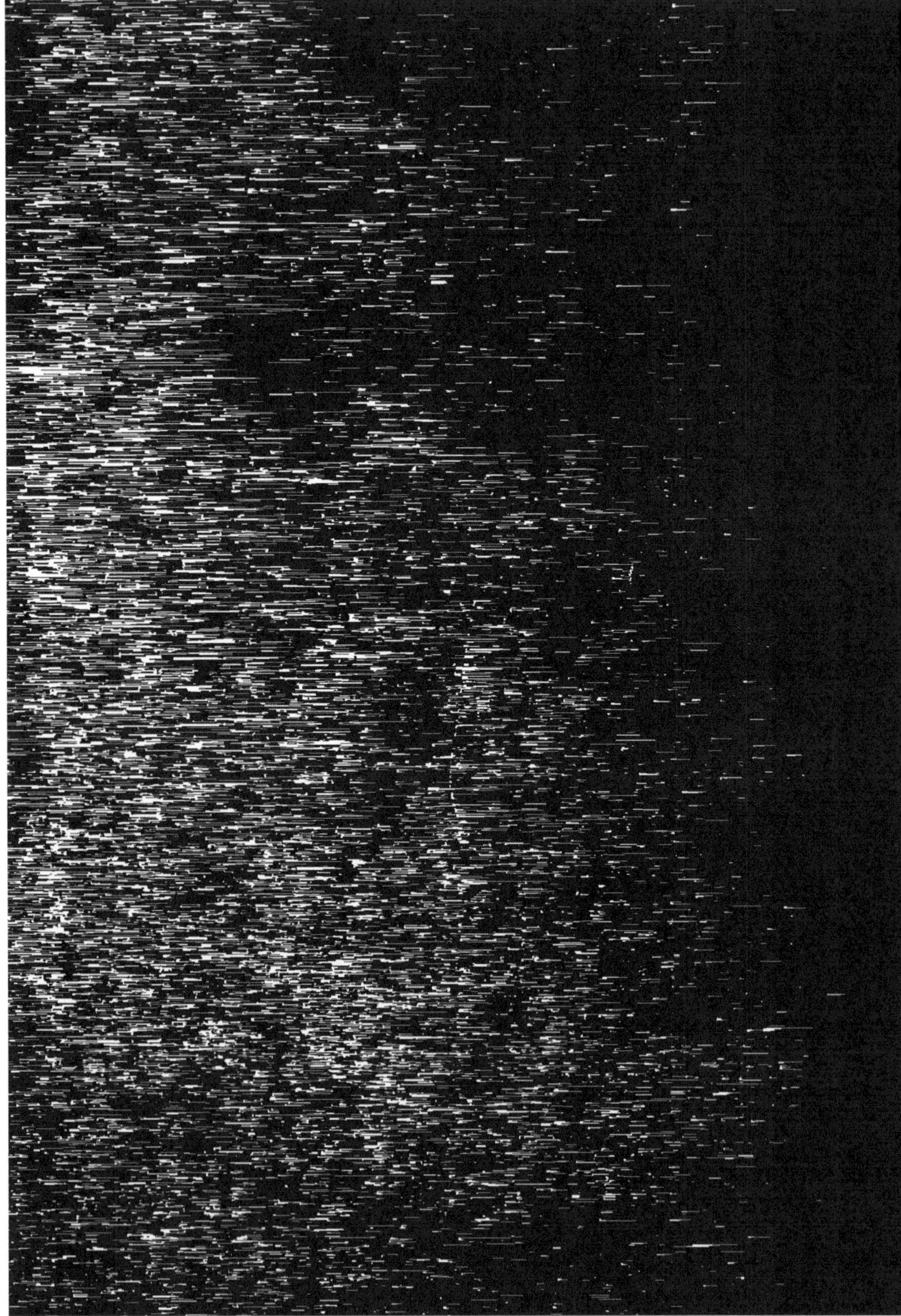

www.ingramcontent.com/pod-product-compliance
Lightning Source LLC
LaVergne TN
LVHW010033230826
846091LV00005B/1674

* 9 7 8 2 0 1 1 9 1 0 4 3 1 *